AF343767

25 MARS 1844   P

CATALOGUE

D'UNE

COLLECTION D'ESTAMPES ANCIENNES,

GRAVÉES AU BURIN, A L'EAU-FORTE ET EN BOIS, PAR DES
MAITRES DE L'ÉCOLE FRANÇAISE, ET DE QUELQUES *SPECIMEN*
DE CHOIX DES AUTRES ÉCOLES,

Provenant du Cabinet de M. R.-D***,

D'UN SUPPLÉMENT D'ESTAMPES ET D'UNE COLLECTION DE QUATRE-VINGTS
BONS DESSINS DES ÉCOLES FLAMANDE ET HOLLANDAISE,

Dont la Vente aura lieu

*Les lundi 25, mardi 26, mercredi 27 et jeudi 28 mars 1844,
six heures du soir,*

HOTEL DES VENTES, PLACE DE LA BOURSE, N° 2,
SALLE N° 3,

Par le Ministère de M° DOUCHET, Commissaire-Priseur, rue de Touraine, 4.

———

EXPOSITION PUBLIQUE, LE DIMANCHE 24, DE MIDI A QUATRE HEURES,
ET JEUDI 28, DE UNE HEURE A QUATRE, POUR LES DESSINS QUI
SERONT VENDUS LE SOIR.

———

A PARIS,

Chez DEFER, Marchand d'Estampes, quai Voltaire, 10.

A LEIPSICK,

Chez M. RODOLPHE WEIGEL.

———

PARIS.

Imprimerie de VINCHON, rue J.-J. Rousseau, 8.

———

1844.

8°

AVERTISSEMENT.

Les estampes comprises en ce Catalogue sont frappées du timbre de la collection d'où elles proviennent.

En voici l'empreinte : .

Les numéros entre deux crochets [ ] se réfèrent au Peintre-Graveur de M. *Bartsch.*

Ceux entre parenthèses ( ), se rapportent au Peintre-Graveur français (1).

M. DEFER, marchand d'estampes, dirigeant la vente, se charge des commissions de France et de l'Étranger.

ORDRE DE LA VENTE.

Lundi	25 mars.	N° 1 à 95.
Mardi	26 —	Supplément, 180 à 200.
		Catalogue , n° 96 à 180.
Mercredi 27	—	Supplément, 201 à 290.
Jeudi	28 —	Dessins, 1 à 362.

Des lots du n° 363 au commencement de chaque vacation.

5 pour °/₀ en sus des adjudications applicables aux frais de vente.

(1) De ce dernier ouvrage, six volumes ont déjà paru ; le VIIe est sous presse. Prix : 6 fr. le volume, chez DEFER.

CATALOGUE

D'UNE

COLLECTION D'ESTAMPES ANCIENNES.

AMATO (FRANÇOIS).

2 -25 — 1. Sainte-Famille [1]. *Belle.* — Saint Joseph [2]. *Tachée.*

3 25 2. ANTIQUITÉS. Dessins d'anciens monuments et d'églises, titres de livres, cartes géographiques, etc. En tout 50 estampes.

BADIALE (ALEXANDRE).

3. 25 3. La Sainte-Vierge, d'après Ch. Cignani [1].

BALESTRA (ANTOINE).

2 — 4. La Sainte-Vierge [1]. — La Sainte-Vierge, accompagnée de saint Jean [2].

BAPTISTE (JEAN-BAPTISTE MONNOYER, surnommé), célèbre fleuriste.

16 — 5. Son portrait, tiré de la Vie des peintres de d'Argenville. — Les petits bouquets de fleurs (1-4). — Les vases diaphanes, suite de huit estampes (5-12). *Le n° 12 manque.* — Douze estampes.

35. 50 6. Les vases opaques, suite de neuf pièces (13-21). *Le n° 14 est très déchiré.*

= 62 - 25.

21 — 7. Les moyennes corbeilles, suite de quatre estampes (22-25).
— Les grandes corbeilles en hauteur, suite de trois pièces
(26-28). — Sept estampes.

23 — 8. Les quatre corbeilles en largeur, suite de quatre estampes
(29-32). — Les deux couronnes (33 et 34). *Le n° 33 est déchiré.* — Six estampes.

Toutes ces pièces sont avec l'adresse de *de Poilly*, à l'ex-
ception des n° 1-4, 6 et 9 qui sont du 1er état des planches,
et du n° 14 qui est du 3e.

BAROCHE (FRÉDÉRIC).

3 — 9. Le Pardon de saint François [4]. *Épreuve collée en plein,
avec des taches.*

BERNARD (SAMUEL).

10 — 10. Portrait de Louis du Guernier, peintre (1); 2e état. —
Portrait de Hautmann, musicien (2); 3e état. — La Fuite en
Égypte (5); 2e état. — Astyanax découvert par Ulysse (8);
2e état. — Plus le portrait de Léopold-Guillaume, marquis
de Bade, à cheval, signé *Bernard P. et F.*, et daté de 1657.
— Cinq estampes.

BIARD, le fils (PIERRE).

2-50 11. Pièce allégorique sur la statuaire (8); 1er état. *Estampe
rare.* Notre épreuve a été raccommodée.

BISCAINO (BARTHÉLEMI).

2-50 12. La crèche [6]; état antérieur à ceux cités par Bartsch; il est
avant l'écriture sur la banderole. *Collée en plein et mal res-
taurée.* — Le mariage de sainte Catherine [33]; *belle.*

BOEL (PIERRE).

5 — 13. La chasse au sanglier [7]. Avec l'adresse de *Naudet.* Belle
condition.

BOISSART (MICHEL-J.).

4-50 14. Sainte-Famille, avec le petit saint Jean (1). Seul morceau
de ce maître et *très rare.*

BOL (Ferdinand).

15. Le sacrifice de Gédéon [2]; 1er état. *Superbe épreuve avec 6 l. de marge. Elle provient de la première collection de* M. Revil. 3e état rogné.

16. Un vieillard philosophe [6]; 2e état. *Belle avec 2 l. de marge.*

17. Vieillard à barbe frisée [9]. *Très belle.* — Portrait d'officier [11].

18. Homme à la toque [13]. — Le capucin, d'après le maître (décrit dans le Catalogue des œuvres de Rembrandt et de ses élèves, de la collection de M. Robert-Dumesnil, vendue à Londres en 1836).

BOTH (Jean).

19. La Femme montée sur le mulet [1]; état antérieur à celui indiqué comme 1er par *Bartsch*. Il est avant l'adresse de *Mathan. Superbe épreuve avec de la marge.*

CANTARINI (Simon), dit le *Pesarèse*.

20. Le repos en Égypte [7]. — Sainte-Famille [12]. — La Vierge avec l'Enfant-Jésus [19]. — Vénus et Adonis [33]. — Frontispice de livre [35].

CARPIONI (Jules).

21. Sainte Madeleine [10]; 2e état. — L'Air [15]. — Danse d'enfants [19].

CARRACHE (Augustin).

22. Mercure et les Grâces [117]. *Très belle.* — Mars renvoyé par Minerve [118]; 2e état. *Belle.*

CHAPRON (Nicolas).

23. Les suivants de Silène (55); 1er état. — Le vieux Silène (56); 1er état. — L'alliance de Vénus et de Bacchus (58); 3e état.

CHÉRON (Louis).

24. Figures décorant l'essai des Psaumes et cantiques mis en

vers par Mlle Chéron (1-23) ; 1er état. — Ananie et Saphire punis de mort (26) ; 1er état. *La marge est coupée en partie.* — Hercule tue l'hydre de Lerne (30). *Belle épreuve avec de la marge.* — Vingt-cinq estampes.

CORNEILLE (JEAN-BAPTISTE).

23. Frontispice de l'Histoire de Bethsabée (1) ; 2e état. — Bethsabée au bain (2). *La marge est coupée.* — La Chaste Suzanne (3) ; 2e état. — Jésus-Christ apparaissant à sainte Thérèse et à saint Jean-de-la-Croix (9) ; 2e état. — Mercure (12) ; 2e état. — Cinq estampes.

COURTOIS (JACQUES), surnommé *le Bourguignon.*

26. Prise de la ville d'Oudenarde (13). — Combat de Steenberg (14). — Prise de la ville de l'Écluse (15). — Prise de Berk (16). *Très belles.*

COYPEL (ANTOINE).

27. Judith (2) ; 2e état. *Très belle épreuve avec une grande marge.* — Le Baptême de Notre-Seigneur (4) l'*Ecce Homo* (5) ; 2e état.

28. Pan vaincu par les Amours (10) ; 2e état. *Très belle, avec de la marge.* — Démocrite (12) ; 2e état, ayant eu transposition d'états dans le Peintre-Graveur. *Magnifique épreuve avec une grande marge.*

COYPEL (CHARLES).

29. L'Amour ramoneur (1) ; 3e état, d'une planche gravée à la pointe sèche sur étain, dont les épreuves ne sont pas communes. — Le portrait de N. Aymon (23). *La marge est coupée.*

COYPEL (NOEL).

30. La Vierge et l'Enfant-Jésus (1) ; 2e état. *Très belle épr. avec une grande marge.*

31. Sainte-Famille (1) ; 3e état. *Très belle épreuve avec une grande marge.*

268-50

COYPEL (Noel-Nicolas).

3-25 — 32. Sainte Thérèse (1); 2ᵉ état. Plus les quatre saisons, d'après notre maître; gravées par Tronchon. — 5 estampes.

DELAUNE (Étienne), surnommé *Stephanus*.

2 — 33. Vingt-quatre pièces de l'histoire de la Sainte-Bible, dont une est double; 22 ont de la marge. L'une des deux qui en sont privées est déchirée.

DUCERCEAU (Jacques Androuet, dit), célèbre architecte et habile dessinateur et graveur à l'eau-forte français qui brillait dès 1549.

7-75 — 34. Vestiges de monuments antiques en perspective, dans des ronds, dont le titre porte le millésime 1551. Plus une cheminée. — 22 estampes.

DUDOT (Réné).

4 — 35. Sainte-Famille (1), avant le nom. *Belle, mais doublée en plein.*

DUVET (Jean), surnommé le maître à la *Licorne*.

40 — 36. Dieu achève la distribution des sept trompettes dont les anges sonnent (34). *Superbe épreuve avec une grande marge.*

DYCK (Daniel VANDEN).

10 — 37. La chaste Suzanne (1). — La déification d'Énée (4). *Belles.*

FATOURE (Pierre) et Gabriel LEJEUNE.

4-75 — 38. La descente du Saint-Esprit (4). *Belle.*

FLAMEN (Albert).

36 — 39. Vie et martyre de saint André (1-8), suite de huit estampes y compris le titre, numérotées de 1 à 7 sur les sept dernières. *Le nº 7 manque.* On y joint une épreuve double du nº 5, 1ᵉʳ état. Suite *très rare.* — Les commandements de Dieu et de l'Église, suite de 15 estampes (9-23). *Le n. 22 manque.* Ces morceaux sont détachés de la grande planche sur laquelle

376-25

ils ont été gravés et plusieurs ont des bordures à l'encre. —
Les sept sacrements, suite de huit estampes y compris le
frontispice (44-51). Epreuve de la planche entière. *Rare.*
— Les morceaux détachés (52, 54 et 55). *Très rares.* Les
deux derniers sont du bon temps du maître.

40. Emblèmes eucharistiques, suite de 102 estampes y compris
le titre et la vignette de la dédicace (56-157). Plus, les
n°⁵ 40, 48, 54 et 93 de la suite avant l'écriture dans la banderole *Ils sont privés de leur marge.*

41. Devises et emblèmes d'amours moralisés, suite de 51 pièces
y compris le titre, chiffrées sur les 50 dernières, 3, 5,
7, etc. (210-260).

42. Le jansénisme foudroyé (375). *Très rare.* Elle est un peu
endommagée dans sa bordure et un peu tachée.

43. La carte des états du grand-duc d'*Os Méos* (379); 2ᵉ état.
Rare. — Le portrait de Jean-Baptiste Morin (381). Réduit à
l'ovale par en haut et la marge tronquée en partie.

44. Paysages dans des ronds, savoir : les n°⁵ 483, 2ᵉ état; 484,
1ᵉʳ état; et 490, 2ᵉ état. — *Très rares.*

45. Vues des arcades de Gentilly (494); des château et village
d'Etiole, près Corbeil (499); de Saint-Germain et Corbeil,
de dessus la rivière (500); et du faubourg Saint-Léonard de
Corbeil (503). — Les n°⁵ 505, 506, 507, 512 et 513 de la
suite des paysages des environs de Paris; 1ᵉʳ état des planches.
— *Très rares et très beaux.*

46. Le titre des couvents des Augustins (543). — L'homme
suivi de son chien (561); 2ᵉ état. — Titre d'un livre d'estampes (565); 4ᵉ état. — Et quatre pièces de la suite *rare*
des cartouches, savoir : les n°⁵ 567, 572, 574 et 575.

GASPRE-POUSSIN (Gaspard DUGHET, dit).

47. Sites agrestes, suite de quatre estampes de forme ronde
(1-4); 1ᵉʳ état. — *Très belles.*

48. Sites des campagnes de Rome, suite de quatre estampes en
largeur (5-8); 1ᵉʳ état. — *Superbes épreuves avec de grandes*

marges. Plus vue d'une campagne au bord de la mer, par un soleil levant, où se voit, à gauche, un homme assis au pied d'un arbre. Les lettres G. D. S. sont dans la marge du même côté.

Largeur, 333 millim.; hauteur, 241 millim. dont 35 de marge. Épreuve endommagée d'une pièce dont l'attribution est apocryphe.

GIORDANO (LUCAS), surnommé *Fa Presto*.

— 49. Sainte Anne reçue dans le ciel par la Sainte-Vierge et par Jésus-Christ (6); 1er état. — *Très rare.*

GUERCHIN (FRANÇOIS BARBIERI), dit LE.

— 50. Saint Antoine de Padoue [1]. Épreuve d'un état postérieur à celui de *Bartsch*; il porte ces mots dans la marge : *alla Pace Jo: Jacomo Rossi form. Romæ.* — Un homme et une femme qui se battent [1 de l'appendice].

GUIDO RENI ou LE GUIDE.

51. Sainte-Famille, première planche [9]; 1er état. *Belle.* — L'enfant-Jésus et saint Jean-Baptiste [13]. — Fille portant un crucifix, d'après le Parmesan [49]; 1er état. — La seconde des sept estampes gravées pour la description des funérailles d'Augustin Carrache [55].

LA HYRE (LAURENT DE).

52. Le sacrifice de Gédéon (1). Estampe de deux morceaux. *Belle épreuve* non assemblée. — Sainte-Famille à la palme (6); 2e état. *La marge est coupée.* — Saint Pierre (14). — L'Amour (17). Les trois Enfants (19). — Les quatre Enfants (20). — Narcisse (21). — Diane (22). — La rivière dans le bois (28). — Et une pièce d'après le maître, gravée par un anonyme dans le goût de *F. Chauveau*, représentant Jésus-Christ dans les bras de Dieu le Père. — 10 estampes.

LE FEBURE (CLAUDE).

53. Le portrait de Charles Patin (3); 3e état.

LE JUGE (G.).

54. La dernière communion de saint Jérôme, d'après Augustin Carrache (16) ; 2ᵉ état.

LE MERCIER (Jacques), célèbre architecte.

55. Statue pédestre de Henri IV (2) ; *très rare*. Belle épreuve avec une grande marge.

LE SUEUR (Eustache).

56. La Sainte-Famille (1) ; 1ᵉʳ état. Superbe épreuve d'une estampe rare, mais pourtant avec quelques légers carreaux pour une imitation. Notre épreuve a fait partie de la célèbre collection de M. Dufrène.

LIAGNO (Théodore-Philippe).

57. Différents soldats, suite de douze estampes [2-13]. Morceaux rares et recherchés, soit sous le rapport du travail de la pointe, soit à cause du costume.

LIVINS (Jean).

58. L'Adoration des Bergers [2] ; 1ᵉʳ état, inconnu à *Bartsch*. Il est avant les initiales ; *très rare*.

59. Saint François [6] ; 1ᵉʳ état, inconnu à *Bartsch*. Il est à l'eau-forte pure, sans aucuns travaux au haut de sa droite, derrière la tête et les épaules du saint, ni à la partie de la motte touchant le bord gauche de l'estampe. La dimension est la même que celle qn'il a constatée pour le 2ᵉ état qu'il qualifie à tort de 1ᵉʳ ; *très rare*.

60. La même estampe, planche réduite [6] ; 3ᵉ état. C'est le 2ᵉ de Bartsch. — Anachorète [7]. *Très belle épreuve avec 3 l. de marge.*

61. Figure orientale [12]. *Belle épreuve avec 5 l. de marge.* — Buste d'un Oriental [13] ; 2ᵉ état.

62. Buste d'un Oriental [20] ; 2ᵉ état, inconnu à *Bartsch* ; il porte l'adresse de *Wyngaerde*. — Tête orientale [21]. *Epreuve brillante.*

63. Buste de vieillard [24]; 1er état, inconnu à *Bartsch*; il est avant les initiales du maître.

64. Buste de vieillard [35]. — Buste d'homme [38].

65. Buste d'homme [41]. — Buste de femme [42]. — Buste de jeune homme (c'est le portrait de l'artiste) (44). — Mauresse blanche [45]; *deux épreuves*, l'une de l'état constaté par *Bartsch*, l'autre d'un 2e état qui se reconnaît par ceci : le buste a été retouché au burin et le fond a été ombré de tailles diagonales parsemées de points alongés.

66. Tête de vieillard [46]. — Buste d'homme nu [49]. — Buste de vieillard [50]. — Tête d'homme [51]; *deux épreuves*, l'une à l'eau-forte pure et l'autre légèrement retouchée.

67. Saint Jean l'Évangéliste [64]. Avec le chiffre 4 au bas de la marge à droite, ce que *Bartsch* n'a pas constaté.

Pièces non décrites par Bartsch.

1° Vieillard à mi-corps vu de trois quarts, dirigé à droite où il regarde, il porte une assez longue barbe et ses cheveux peu fournis sont frisés, sa robe est fermée par deux boutons sur la poitrine; *deux épreuves*, l'une à l'eau-forte pure et dont le fond est clair; l'autre est touchée au burin et à la pointe sèche dans toutes les parties. Le fond est teinté. — *Nota*. Il y a un 3e état de ce morceau dans la marge duquel on lit, à gauche: *Livens fecit*; il décore l'article de l'artiste dans le Dictionnaire des Graveurs de *Basan*.

2° Buste de vieillard au front chauve, au nez épaté, à la barbe courte et peu fournie, et aux cheveux rares. Il est vu de face où il regarde; le collet de sa chemise est rabattu sur le manteau qui le recouvre en laissant voir un vêtement de dessous fermé sur la poitrine par quatre boutons; le fond est blanc. *Hauteur, 288 millimètres dont 37 de marge blanche. Largeur 215 millimètres. Épreuve tirée en rouge.*

MANGLARD (ADRIEN).

68. Vue du sépulcre de *Cecilia Metella* (1); 2e état. — Vue de

partie de l'intérieur du Colysée (2); 1er état. — Vue de *Ponte-Salaro* (3); 1er état. — Vue du Vésuve (4); 1er état. — Le grain de mer (5); 1er état. — Le coup de tonnerre (6); 1er état. — L'Éclaircie (7); 1er état. — *Sept estampes de la plus grande fraîcheur, avec leurs marges virginales.*

69. Le port de mer à la tour ronde (8); 1er état. — Le port de mer à la tour carrée (9); 1er état. — Le port de mer aux deux tours (10); 1er état. — Les baigneurs (11); 1er état. — La galère (12); 1er état. — Le coup de vent (13); 2e état. — La felouque en panne (14); 2e état. — *Sept estampes de la même condition que ci-dessus.*

70. Les pères du désert (15); 1er état. — Les pêcheurs (16); 1er état. — Le retour de l'abreuvoir (17); 1er état. — Les chasseurs au repos (18); 1er état. — Intérieur de forêt (19); 1er état. — Les bœufs à l'abreuvoir (20); 1er état. — Le troupeau de Buffles (21); 1er état. — *Sept estampes de la condition ci-dessus.*

71. Le grand port de mer à la tour carrée (22); 1er état. — Le soleil couchant (23); 1er état. — Vue prise des ruines du temple du Soleil et de la Lune (24); 1er état. — Le port de mer au clair de la lune (25); 1er état. — Le vaisseau démâté (26); 1er état. — Le combat naval (27); 2e état. — *Six estampes de la condition sus-indiquée.*

72. Vue intérieure du Colisée (28); 2e état. — Vue de l'intérieur d'un port (29); 2e état. — Le port de Naples (30); 2e état. — Le naufrage (42); 3e état. — Rémus et Romulus (43); 2e état. — Sainte Agnès au ciel (44); 1er état. — *Six estampes de la condition précitée.*

73. Le paysage aux deux barques (31); 1er état. — Le paysage aux deux palmiers (32); 1er état. Elie et la veuve de Sarepta (33); 1er état. — *Ponte Mamolo* (34); 1er état. — *Ponte Lucano* (35); 2e état. — *Cinq estampes de la plus grande fraîcheur avec leur marges virginales.*

74. *Ponte della Coria* (36); 1er état. — *Ponte Lamentano* (37);

1er état. — Le bac ; effet de nuit (38); 1er état. — Le vaisseau en rade (39); 1er état. —L'ouragan (40); 2e état. — La Girande du Château Saint-Ange (41); 1er état. — *Six estampes de la même condition que ci-dessus.*

MANTOUAN (GEORGE GHISI, dit LE).

75. L'homme de douleurs [15]; épreuve de la planche entière, avec : *Petri de nobilibus formis* à la suite du nom de *Lafréry*; état inconnu à Bartsch. Cette épreuve est signée au dos : *P. Mariette 1650.*— Les Amours d'Antiope et de Jupiter changé en satyre [52], pièce libre d'après le Primatice. — Apollon sur le Parnasse [58] : *la copie A.* Epreuve de toute beauté.

MASSON (ANTOINE).

76. Buste de Louis XIV, sur un piédouche (41). *Morceau très rare.*

77. Les portraits de Denis Marin de la Châtaigneraye (50); 2e état; — de François Rouxel de Médary (51); 2e état : *avec une grande marge*; — et de Olivier Le Fèvre d'Ormesson (58); 2e état.

MELDOLLA (ANDRÉ).

78. Saint Paul prêchant à Athènes [22]. *Morceau rare.* Épreuve un peu rognée.

MIÈLE (JEAN).

79. La Sainte-Famille avec saint Jean. Pièce octogone (n° 11, de l'œuvre du maître d'après le supplément au Peintre-Graveur de *Bartsch*, que vient de publier M. *Weigel.* Ancienne épreuve d'une pièce rare que *Bartsch* avait donnée à Biscaïno, et qu'il a décrite sous le n° 25 du Catalogue de ce dernier.

MONOGRAMME ϴ (le maître au).

80. Le massacre des Innocents (1). L'Amour (0). Anciennes et très rares estampes d'un vieux maître français, qui a travaillé à Lyon vers le milieu du XVIe siècle.

MONTAGNE ou de PLATE MONTAGNE (*Michel*).

81. Marines et paysages (1-0), suite de 6 pièces de forme ronde. Les n° 3, 4 et 5 sont sans marge.

16 — 82. Les voyageurs (7). *Très rare.* — Le paysage aux danseurs (8); 1er état. — La petite marine (9); 2e état. — Le bateau chargé (10). — La vigie (11); 1er état. — Le port de mer à la forteresse (12); 1er état. — Le quai en avant des ruines (13); 1er état. — Sept estampes bien conservées.

14 — 83. La ville sur une presqu'île (14); 2e état. — La mère et son enfant (15); 2e état. — Le village au bord de l'eau (16); 2e état. — Le bateau en chargement (17); 1er état. *Très rare.* — Le point de vue de la forêt (18); 2e état. — Le passage du bac (19); 2e état. — Six estampes bien conservées.

10 — 84. Le port de mer aux rayons du soleil (20); 1er état. — Le Chariot (21); 1er état. — Paysage maritime au clair de la lune (22); 1er état. — Le naufrage (23); 1er état. — 4 estampes superbes d'épreuves.

15 — 85. Le chemin à la lisière d'un bois (24); 2e état. — Le paysage par un temps d'hiver (25); 2e état. — Le village dans la forêt (26); 2e état. — Le crépuscule du soir et lever de la lune (27); — Le vaisseau entrant dans le port (28); 2e état. — 5 estampes très belles.

20 — 86. Le débarquement de soldats (29); 1er état. *Rare.* — L'homme jouant avec son chien (1 de l'Appendice); 1er état. — Les ruines à gauche (2 de l'App.); 1er état. — Les ruines à droite (3 de l'App.); 1er état. — Les deux armées navales (5 de l'App.). Ce morceau est bien plutôt de *Cochin* l'ancien. — Six estampes.

MONTAGNE ou de PLATE MONTAGNE (*Nicolas*).
Sujets.

6 — 87. La présentation au temple (1); 2e état. — Saint Jean-Baptiste prêchant dans le désert (2); — Le Baptême de Notre-Seigneur (3); — Les Noces de Cana (4); — Jésus à table au milieu de ses disciples (5). — La Pentecôte (6). — L'Ascension (7). — L'Extrême-Onction (8).

10 — 88. Le Corps de Jésus-Christ dans le sépulcre (9); 2ᵉ état. — La Sainte-Face (10).

5-25 89. La Madeleine pénitente (11). — Sainte Geneviève, patronne Paris (12); 2ᵉ état.

3 — 90. Allégorie (14). — Les armoiries d'un président à mortier. (17).

Portraits.

6-25 91. Pierre, cardinal de Berulle (20). — Olivier Castellan (21). *Coupée du bas.*

16 — 92. François Iᵉʳ, roi de France (23). Très belle épreuve, à toute marge. *Rare.*

12 — 93. Henri Louis II, Habert de Montmaur (24). — Pierre Monnerot (26). *Belle.*

19-50 94. Marie de Médecis, reine de France (25). *Rare.*

5-50 95. Pierre Monnerot (27). — Roger O'Moloy, prêtre irlandais (28;. *Rare.*

MONTENAT (J.).

10-50 96. La Vierge et l'Enfant-Jésus (1). Camaïeu de deux planches. *Très rare.*

MORIN (Jean).

Sujets.

4-50 97. Frontispice d'un livre de prières (1). — Nathan et David (2). *Copie.* — L'Annonciation (3). — La Nativité (4). — Le Christ mort sur la Croix (9). — Le Sacrifice d'Abraham (12). *Morceau du plus charmant effet.*

3 — 98. La Vierge et l'Enfant-Jésus, d'après Raphaël (14). *Belle et rare.*

6 — 99. La Vierge adorant l'Enfant-Jésus, d'après Titien (15). *Superbe épreuve avec de la marge.* Ce morceau est très recherché, tant à cause de son exécution que comme rendant admirablement le tableau dont il est la reproduction parfaite.

VALABLE POUR TOUT OU PARTIE DU
DOCUMENT REPRODUIT

100. Notre-Seigneur à la Colonne, d'après Giorgion (16). — La Vierge de douleurs, d'après Annibal Carrache (17). *Belle, mais malheureusement tachée.* — L'Adoration des Bergers, d'après Ph. de Champagne (18). *La marge est coupée.*

101. La Vierge et l'Enfant-Jésus, d'après Ph. de Champagne (19). *Belle et rare.*

102. La Sainte-Face (23). — Saint Pierre (27). — Saint Paul (28).

103. La Vierge transportée au Ciel (29). — Saint Jérôme (31); 2ᵉ état. — Le grand Saint-Bernard (33). — Tête de mort (39).

Portraits.

104. Anne d'Autriche, reine de France (40). *Très belle.*

105. Robert Arnauld d'Andilly (42). *Brillante.* — Saint Charles Borromée (45). *Belle.*

106. Le cardinal Bentivoglio, d'après Van Dyck (43). *Belle*

107. Saint Charles Borromée (46). *Superbe épreuve.*

108. Armand, prince de Bourbon-Conti (47). *Belle, avec une grande marge.*

109. Jean-François-Paul de Gondy, cardinal de Retz (54). *Avec une grande marge. Rare.*

110. Honorine de Grimberghe, comtesse de Bossu (55). *Superbe épreuve avec toute sa marge.*

111. Corneille Jansénius, évêque d'Ypres (61). *Belle.* — Nicolas de Netz, évêque d'Orléans (70). *Superbe épreuve avec une grande marge.*

112. Louis XIII, roi de France (64). *Belle et rare.*

113. Le cardinal de Richelieu (72). *Belle et rare.*

114. Saint François de Sales (73). — Grégoire Tarisse (75). *Epreuves brillantes.*

115. Michel Le Tellier, ministre d'État (76). — Jacques-Auguste de Thou (79). *Belles.*

116. Christophe de Thou (78). — Charles de Valois, duc d'Angoulême (81). *Brillantes épreuves avec de belles marges.*

117. Jean du Vergier de Hauranne, abbé de Saint-Cyran (84). *Très rare.*

118. Jean-Baptiste-Amador Vignerod, marquis de Richelieu (85); 1er état, c'est-à-dire avant la lettre. *Très rare.*

—119. Nicolas de Neufville, marquis de Villeroy, maréchal de France (87). *Très belle épreuve.*

Paysages.

120. Paysan et paysanne en marche (95). — Le chariot (96). — Le cavalier (97). —Les deux chaumières (98). *Epreuves brillantes avec de belles marges.*

121. Le bouvier assis (99).—La vieille femme assise (101).— La paysanne en marche (105). *Avec 6 l. de marge.* — Les moissonneurs (107). —Marche de paysans (108). *Epreuves brillantes.*

NATOIRE (CHARLES-FRANÇOIS).

122. L'Adoration des Rois (1). *Belle.* — Figure académique d'homme (8); 3e état.

NOCRET (JEAN).

123. L'hommage du petit saint Jean (1); 3e état. Jolie épreuve de la seule planche gravée par ce maître et qui n'est pas commune.

ORLEY (JEAN et RICHARD VAN), frères, peintres et graveurs à l'eau-forte qui florissaient à Bruxelles, leur patrie, au commencement du XVIIIe siècle.

124. Sujets du Nouveau-Testament, suite nombreuse, dont nous offrons les nos 1, 3-12, 16-27, 29-31. — Vingt-six estampes.

125. Sujets historiques et fabuleux (par Richard, seul). — Douze morceaux.

OSTADE (ADRIEN VAN).

126. Paysan sornant du cor [7]. *Belle.* —Le fumeur à la fenêtre [10]. *Très belle, avec 4 l. de marge. Très anciennes épreuves.*

127. L'homme et la femme causant ensemble [12]. *Belle,*

avec 2 l. de marge. — La cruche vide [15]. *Belle, avec de la marge. Très anciennes épreuves.*

128. Le coup de couteau [18]. *Magnifique et très ancienne épreuve, avec 14 l. de marge.*

129. Gueux enveloppé d'un manteau [22]. *Ancienne épreuve.* — La grange [23]. *Très belle épreuve, avant la retouche de la planche.*

130. Homme et femme marchant ensemble [24]. *Très belle et ancienne épreuve avec de la marge.* — Le fumeur et le buveur [24 a.]; 1er état. *Avec 15 l. de marge.* — La dévideuse à la porte de sa maison [25]. *Très belle.*

PARMESAN (François MAZZUOLI, dit le).

131. La Sépulture de Jésus-Christ [5]; 1er état. *Epreuve fatiguée et tachée. Morceau très recherché.*

PEETERS (Bonaventure), peintre, né à Anvers où il mourut, âgé de 38 ans, en 1652.

132. Une marine où l'on remarque à la droite du bas une barque pontée et à voile, montée de trois figures. Du côté opposé est une redoute, près de laquelle des bateaux sont amarés. On lit dans la marge, au milieu : *Redoute. Van Willemstadt. B. Peeters fecit*; et à gauche : *Ioan. Meysens excud.* Ce morceau paraît être le titre d'une suite.

Largeur, 236 millim.; hauteur, 157 millim., dont 6 de marge. Pièce très rare.

PICOU (Robert).

133. Les deux couples d'enfants (6); épreuve sur papier jaune. — Jésus-Christ livré à ses ennemis (7); 3e état. — Pièce capitale du maître. *Très belle.*

PILES (Roger de).

134. Portrait de Charles-Alphonse du Fresnoy (1); 2e état. — Superbe épreuve avec une grande marge, de la seule planche gravée par notre amateur. *Rare.*

PLASSARD (Vincent).

3.50 — 135. La Vierge et l'Enfant-Jésus (1). Seule estampe du maître. *Epreuve bien conservée.*

REMBRANDT (Van Ruyn).

11 — 136. Portrait de Rembrandt aux cheveux crépus [1]. *Rare.* — Portrait de Rembrandt aux cheveux hérissés [8]; 4ᵉ état.

18 — 137. Portrait de Rembrandt aux cheveux courts et frisés [26]; état inconnu à Bartsch et qui paraît antérieur à celui qu'il qualifie de 1ᵉʳ. Il est avec *Rt* à la gauche du haut, abréviation qui ne s'aperçoit plus dans le 1ᵉʳ état de Bartsch. *Epreuve chaude de ton.*

16 — 138. Agar renvoyée par Abraham [32]. *Très rare.* — La Nativité [45]. — Jésus-Christ au milieu des docteurs [64]. — *Belles.*

5-75 — 139. Descente de croix [83]. *Belle.*

15 — 140. Jésus-Christ disputant avec les docteurs de la loi [65]. Épreuve singulière où les deux premières figures, l'une à gauche, l'autre à droite, ont été teintées et où le fond a reçu une demi-teinte. — La mort de la Vierge [99]. — Le paysage au carosse [215]. *Copie.* — L'avocat Tolling [284]. *Copie.*

5 — 141. Saint Jérôme [102]. — Saint Jérôme dans le goût de la manière noire [105]; 2ᵉ état.

7.50 — 142. Les deux chasses aux lions [115 et 116]. *Belles.*

— 143. Trois figures orientales [118]. *Belle.* — Synagogue des juifs [126]. Epreuve tirée en rouge, qui a fait partie de la collection de *John Barnard.*

8.50 — 144. La coupeuse d'ongles [127]. Superbe épreuve avec 6 l. de marge.

6.50 — 145. Le dessinateur [130]; avant la retouche. — Le joueur de de cartes [136]; avant la retouche.

-75 — 146. Aveugle jouant du violon [138]; 2ᵉ état. *Très belle.*

8.25 — 147. Paysan et paysanne marchant [144]. *Très belle.*

4.50 — 148. Un philosophe en méditation [147]. *Morceau très rare.*

149. Homme méditant [148]; 2ᵉ état. Un angle a été refait.

150. Figure d'un vieillard à courte barbe [151]. *Belle.*

151. Le cochon [157]. *Belle, avec 4 l. de marge.*

152. La coquille [159]; 2ᵉ état. *Très belle.*

153. Gueux, dans le goût de ceux de Callot [166]; 4ᵉ état. *L'épreuve a souffert.*

154. Gueux en manteau déchiqueté [167]; 2ᵉ état. *Très belle.*

155. La femme à la calebasse [168]. *Epreuve non ébarbée. Le bord droit est raboteux.* — Le second des deux gueux faisant pendant [178]. *Belle.*

156. Le lit à la française [186]; 2ᵉ état. *Pièce libre et très rare.*

157. L'homme qui pisse [190]. *Faible de ton.* — Femme nue dormant [204].

158. Le berger et sa famille [220]. *Très belle épreuve, avec 3 l. de marge. Rare.*

159. Le Bouquet de bois [222]; 2ᵉ état. La planche réduite. *Epreuve non ébarbée. Rare.*

160. Vieillard portant la main à son bonnet [259]; 1ᵉʳ état. *Belle.* — Vieillard à grande barbe et bonnet fourré [262]. *Epreuve brillante.*

161. Homme à barbe courte et bonnet fourré [263]; 2ᵉ état. Les mains supprimées. *Rare.*

162. Portrait de Jean-Antonides Vander Linden [264]; 2ᵉ état. *Très belle.*

163. Le docteur Faustus [270]. *Très belle.*

164. Le portrait de Wtenbogardus [279]. *Belle, avec 6 l. de marge.*

165. Tête d'homme chauve [294]. — Vieillard à tête chauve [296]. *Rare.* — Vieillard sans barbe [299]. — Vieillard à barbe courte [300]; 2ᵉ état. — Autre tête semblable [301]. — Vieillard chauve à courte barbe [306]. *Belle, avec 3 l. de marge.*

PIÈCES GRAVÉES PAR DIFFÉRENTS ARTISTES DANS UN GOUT PLUS OU MOINS APPROCHANT DE CELUI DE *Rembrandt*.

166. Booz et Ruth [2]; *Belle*. — Nativité de Jésus-Christ [4]. *Rare*.

167. L'*Ecce Homo* [11]. Tachée. Ce morceau paraît bien être de *Rodermont*. — Jeune homme à mi-corps [30]; épreuve moderne sur papier de soie. — Femme devant une fenêtre [52]. — Trois dromadaires [59].

168. Paysage [63]. — Buste de vieillard, par Salomon Koninck [68]. — Vieillard assis dans un fauteuil, par le même [71]. N'est pas commun.

169. Judas et Thamar, par Pierre Lastman [74]. Brillante épreuve à laquelle il manque un des angles. — Jacob et Esaü, par *Rodermont* [77]. Plus, un morceau non mentionné par *Bartsch*, dans lequel Joseph explique les songes dans sa prison.

ROOS (JEAN-HENRI).

170. L'ânesse et le bouc [29]. Très bel et brillant échantillon du maître, du 1er état de la planche. Malheureusement il a une piqûre de ver au haut, à gauche, sur une partie blanche.

SUBLEYRAS (PIERRE).

171. La Madeleine aux pieds de Jésus-Christ (3). Ancienne et parfaite épreuve avec de la marge.

TESTELIN (LOUIS).

172. Sainte-Famille avec sainte Anne (1); 2e état de la seule pièce gravée par ce maître.

TOPOGRAPHIE (PIÈCES DE).

173. Comprenant des vues de villes et de campagnes, des plans de places fortes, etc., principalement de la Savoie et du Piémont, au nombre de cent-dix morceaux de la plus belle conservation.

ULIET (George VAN).

174. Buste de vieillard, d'après Rembrandt [25]; *très belle.* — Trois pièces de la suite des différents gueux et mendiants [73, 78 et 79].

VALCKERT (Warnart VAN), peintre et graveur à l'eauforte, né à Amsterdam en 1572 ou 1580, élève de Henri Goltzius.

175. Deux pièces qui sont : 1° Le portrait de l'artiste, vu de trois quarts et tourné vers la gauche en regardant de face. Ses cheveux qui sont courts frisent et ceux du front forment toupet. Il porte moustaches et a une barbe assez longue ; une fraise surmonte le pourpoint qui le couvre, dans un cartouche ovale avec muffles haut et bas. Le fond de cet ovale est clair à gauche et ombré horizontalement du côté opposé. Le fond extérieur est blanc. On voit le millésime 1612 dans les angles du haut et dans ceux du bas est écrit : W. V. VAL, ces trois dernières lettres liées en forme de monogramme. La planche n'est pas d'équerre. — *Hauteur à gauche* 74, *et à droite* 68 *millimètres ; largeur,* 50 *millimètres.*

2° *La Cène en demi-figure.* Voyez pour sa description la p. 125 du Catalogue de la collection de M. Robert-Dumesnil, in-8°, Paris, Mme Huzard, 1837.

VALÉSIO (Jean-Louis).

176. Vénus châtiant l'Amour [5], Charmante composition. *Belle.*

VICO (Énée).

177. Saint George [12]. Très belle épreuve avec marge.

VLIEGER (Simon de).

178. La forêt claire [3]. A la suite des initiales du maître on lit : *fec*, ce que Bartsch n'a pas constaté.

VOUET (Simon).

179. La Sainte-Famille (1). — Belle épreuve de la seule pièce
gravée par ce maître.

WOEIRIOT (Pierre), surnommé Bonzey.

180. Phalaris présidant au supplice de l'artiste Perille. — La
femme d'Asdrubal se précipitant dans les flammes avec ses
deux enfants.

SUPPLÉMENT.

181. *Baldini*. Le prophète Élie, copie par un vieux maître italien. Très rare.

182. *Bonasone*. Combat de Maxence, Clélie, Adonis, Sainte-Famille, etc. ; cinq pièces.

183. *Annibal Carrache*. Silène, pièce gravée à l'eau-forte, dite *la Soucoupe*. Rare.

184. *Augustin Vénitien*. Vases antiques, onze pièces.

185. *Marc de Ravenne*. Le Christ et les apôtres, d'après Raphaël; douze pièces.

186. Paysages d'après le Guerchin; quatorze pièces gravées à l'eau-forte par *Mathioli*.

187. Philippe IV, Marguerite d'Autriche, femme de Philippe III, deux pièces par *Goya*. Rare.

188. *Ecole Italienne*. Sujets divers d'après Raphaël, copies d'estampes de Marc-Antoine, autres par ce maître d'après *Albert Durer*; seize pièces.

189. *Eaux-fortes italiennes*; seize pièces, paysages, sujets et portraits par *Canaletti*, *le Bolognèse*, *Guaspre Poussin*, *Del Moro*, etc.

190. *Bois italiens*, d'après le Titien, Becafumi, le Parmesan; dix-sept pièces.

191. *Ecole de Fontainebleau*. Quinze pièces diverses, d'après *Primatice*, *le Rosso*, etc.

192. *Porporati*. Vénus qui caresse l'Amour, d'après Battoni.

ÉCOLE ALLEMANDE.

193. Travaux d'Hercule, douze pièces par *Beham*; les Arts Libéraux; sept pièces, par *G. Pencz*.

194. *C. Bloemaert.* La Vierge et l'Enfant-Jésus ; belle épreuve.

195. *Albert Durer.* La Vierge au singe ; très belle épreuve ; une tache d'huile dans le haut.

196. Le char de triomphe de Maximilien , lithographie d'après *Albert Durer.*

197. Vingt pièces sur bois , d'après *Albert-Durer* et autres maîtres.

198. Paysages et sujets , vingt pièces à l'eau - forte , par *E. Dietricy.*

199. Paysage par *Kolbe,* sujets par *Plonski ;* vingt-cinq pièces.

200. L'adoration des rois, par *Louis Krug.*

201. *Lautensack.* Cinq paysages et portraits.

202. Études d'animaux; douze pièces à l'eau-forte par *H. Roos.*

203. *Jean et Jérôme Wierix.* Vingt-deux pièces diverses; portraits, jugement dernier d'après Martin Rota, pièces d'après *Albert Durer.*

ÉCOLE DES PAYS-BAS.

204. Adoration des bergers, d'après Raphaël par *C. Bloemaert;* très belle épreuve avant l'adresse.

205. *C. Boël.* Les éléphants. Pièce rare.

206. *Bolswert.* Mercure et Argus, portraits de De Vos, Barbé et Ertvelt, d'après *Rubens* et *Van-Dyck.*

207. *A. Van-Dyck.* Le Titien et sa maîtresse ; belle épreuve d'une pièce capitale du maître.

208. *Van Everdingen.* Paysage à l'eau-forte, cinquante-une pièces; de ce nombre treize de la suite de la fable du renard.

209. Le chien de *Goltzius;* belle copie non décrite par Bartsch; elle porte la date de 1631.

210. Sainte-Famille, le prêtre à la fenêtre, la Madeleine ; onze pièces par *Goltzius, Saeredam* et autres.

211. *Gunst.* Charles Ier, Grandisson , Godwin , comtesse Carlisle; quatre pièces d'après Van-Dyck.

212. *Lucas de Leyde.* La danse de la Madeleine, la Charité, la Foi, saint Jean, saint Gérard, copies des quatre sujets de l'histoire de Joseph, portrait de Maximilien, onze pièces.

213. *J. Louys.* Anne d'Autriche, d'après Rubens; belle épreuve.

214. Cavalcade des bourgmestres d'Amsterdam pour la réception d'Henriette d'Angleterre en 1642, d'après P. Potter, par *Nolpe*, pièce curieuse en trois morceaux. Rare.

215. *Van Os.* Suite de six vaches; belles épreuves.

216. *P. Pontius.* Susanne et les vieillards; belle épreuve. — Th. Van-Loon, 1er état avant le nom du graveur, Cornelissen avec G. H. Hugens, Jean de Nassau, Raveslyn, D. Segers, d'après Livens, 1er état, etc.; sept pièces.

217. *Rembrandt.* L'Annonciation, la Circoncision, Silvius, gueux, jeune homme assis réfléchissant, têtes d'hommes, etc.; neuf pièces anciennes épreuves.

218. *Ruisdaël.* Trois paysages à l'eau-forte, nos 1, 2, 3 de Bartsch.

219. *Soutman.* La Cène, d'après le dessin de Rubens sur la fresque de Léonard de Vinci.

220. *H. Suanevelt.* Paysages, huit pièces épreuves avec *excudit* et une pièce non décrite portant le nom de *Suanevelt* sur le ciel; elle représente un paysage où au premier plan à gauche est un satyre et une satyresse allaitant son enfant.

221. Dix paysages par *Suanevelt, Deyster* et *Rogman;* trois pièces avec *excudit.*

222. *Suyderoëff.* La paix de Munster d'après Terburg.

223. *Vorsterman.* Job sur le fumier, Susanne et les vieillards, saint François, Monper, C. de Vos, Spinola; huit pièces d'après *Rubens* et *Van-Dyck.*

224. *C. Visscher.* Copenol, le marchand de mort-aux-rats, la Bohémienne; trois pièces.

225. *Lambert Visscher*. Saint François de Sales , Anne d'Autriche; deux pièces.

226. *A. Waterloo*. Paysages; vingt-trois pièces.

227. *Jean Wildoeck*. Martyre de saint Just, d'après Rubens.
Très belle épreuve.

228. *Zeeman*. Marines; dix sept pièces.

229. Paysages et marines, dont quinze par *Van der Cabel*, et six
par *Genoels*.

230. Trente-deux pièces gravées à l'eau-forte, par Ostade ,
Bega, Dusart, F. Bol, Livens.

231. Vingt-quatre pièces, animaux, par Stoop, Van Hecke,
P. de Laer, etc.

232. Douze portraits, d'après Van-Dyck , par Pierre de Jode,
C. Galle, Lomelin, etc.

233. *Ecole flamande*. Dix pièces, par *Golzius*, *de Bry*, etc.

234. *Ecole hollandaise*. Cinq pièces. *C. Dusart*, *Waterloo*,
Ostade, C. Visscher.

ÉCOLE FRANÇAISE.

235. *Aliamet*. La Nativité, d'après A. Carrache ; saint Étienne,
d'après Lesueur ; deux pièces. Epreuves avant la lettre.

236. Martyre de saint Laurent, d'après Lesueur, par *G. Audran*. Belle épreuve avant les points entre les tailles d'un
des nuages. Rare

237. *J.-J. de Boissieu*. Paysages, sujets et portraits, etc. ;
vingt-deux pièces. Anciennes épreuves.

238. *J. Boullanger*. Sainte-Famille, Christ mort, portrait, etc.,
quatre pièces, d'après S. Bourdon, Le Guide, etc.

239. *Claude Lorrain*. Fuite en Égypte (1), 2ᵉ état. Le passage du gué (3). Deux épreuves, une du 1ᵉʳ état.
Paysages, nᵒˢ 2, 7, 9, 12, 20, 22, 27, un des paysages
du nᵒ 40; sept pièces. Anciennes épreuves.

240. La tempête (5), les brigands (12), l'enlèvement d'Eu-
rope (22); trois pièces. Anciennes épreuves.

241. *Courtois*. Suite de quatre batailles, les n°° 1, 2 et 4 de la suite des huit.

242. Duc d'Orléans, par *Drevet*. La maladie d'Alexandre, par *J. Audran*.

243. Le jugement de Pâris, d'après Raphaël, par *Dupérac* ; la dispute du Saint-Sacrement, d'après Raphaël, par *Thomassin*.

244. *G. Edelinck*. Moïse, d'après Philippe de Champagne. Belle épreuve.

245. La Mère de douleur, la couseuse, le duc d'Anjou, le roi David, etc. ; cinq pièces.

246. *Fiquet*. Lamothe-Levayez. Épreuve avant la lettre.

247. *Albert Flamen*. Neuf pièces ; vues de Longuetoise et autres lieux des environs de Paris.

248. Nouveaux dessins d'habillements à l'usage des ballets, opéras et comédies, inventés par *Gillot* ; suite de 84 pièces ; rares.

249. *N. de Larmessin*. Portrait d'un comédien, d'après Dominique Feti ; épreuve avant la lettre. Rare.

250. *Etienne Delaulne*. Douze pièces de l'Ancien-Testament. Belles épreuves.

251. *Sébastien Leclerc*. Onze pièces dont mariage de Louis XIV, et autres sujets historiques.

252. Dix-huit pièces, sujets, portraits et costumes, gravés par A. Bosse, Mellan, Picart, Crispin de Passe et autres.

253. Portraits de Henri II, de Henri IV, de Henri de Savoie, Louise de Budos, Antoine de Bourbon, Charles de Lorraine, Charles de Gonzague, et autres personnages français, gravés par *Léonard Gaultier* et *Thomas de Leu* ; dix-huit pièces ; deux lots.

254. *Masson*. Marin Cureau, épreuve avant la contre-taille. Sainte-Famille ; portrait de Péréfixe ; deux pièces.

255. *Morin* et *Montaigne*. Paysages et marines. Treize pièces.

256. *R. Nanteuil*. Barberin (29), cardinal de Bouillon (53) ;

Louis XIV (155), de Neufville (205). Quatre pièces ;
belles épreuves du 1er état. Servien, Hesselin, Mazarin,
Norion, d'Aubray, de Bonne, Réné de Longueuil, Péréfixe, Le Tellier, Saguier, Guébriant, Regnauldin, Sainte-
Famille, les Pères de l'Église, des armoiries, etc.; vingt-
trois pièces. Cet article sera divisé.

257. *Natalis*. Sainte-Famille, d'après N. Poussin; portrait
d'Albert Dallaunont.

258. *Pesne*. Testament d'Eudamidas, d'après N. Poussin. Ancienne épreuve du 2e état.

259. *J.-B. Poilly*. Sainte-Famille, Louis XIV, saint Jean
évangéliste; cette dernière avant la lettre. Rare.

260. *Israël Sylvestre*. Vues de châteaux et lieux de France. 140.

261. *Spierre*. Sainte-Famille, d'après Piètre de Cortonne;
Alexandre VII.

262. *Roullet*. Les trois Maries, d'après A. Carrache; le marquis de Beringhen, d'après N. Mignard.

263. *Vallet*. Sainte-Famille, la Vierge et l'Enfant-Jésus; trois
pièces, d'après S. Bourdon.

264. *Ecole française*. Eaux-fortes par Rivals, Coypel, Vignon,
Picou, Scolberge, etc.; vingt pièces.

265. *Ecole française*. Sujets et paysages, par Flamen, Barbault.
Périer, Pierre, Francisque, etc.; dix-sept pièces.

266. *École Française*. Quarante-huit pièces d'après *Greuze*,
Oudry, *Pater*, etc.; deux lots.

367. *École Française*. Onze pièces, *Oudry*, *Leclerc* et *Peris-
sin*, etc.

268. Repos en Egypte, titre : Humiliabitur..... etc., *Remy
Vuibert, insc. et sculp. Parissys 1639 cun. prius regis
christ.*, pièce non décrite au *Peintre-Graveur français*.

Graveurs Anglais.

269. *Marc-Ardrell*. Portrait de Lady Southampton, d'après
Van-Dyck, épreuve avant la lettre. Rare.

270. *B. Baron.* La famille du comte de Nassau, d'après Van-
Dyck, belle pièce.

271. *Browne.* Le chariot, d'après Rubens, épreuve avant la
lettre.

272. Portrait d'après Holbein, quatre pièces par *Bartolozzi.*

273. *Schervin.* Sainte-Famille, d'après N. Poussin, épreuve
avant la lettre.

274. *Scharp.* Thomas Howard, comte d'Arundel, belle épreuve.

275. *W. Walker.* La famille Gerbier, d'après Van-Dyck;
épreuve avant la lettre.

276. *Woollett.* Portrait de Rubens, d'après Van-Dyck.

277. Charles I⁰ʳ, le comte de Damby, Thomas Wharton, G. Gor-
don, les enfants de Charles Iᵉʳ, etc., six pièces d'après
Van-Dyck, gravées en manière noire.

278. Continence de Scipion, d'après Poussin, Aréthuse d'après
Le Sueur; deux pièces par *Smith* et *Legat*, épreuve avant
la lettre.

279. Six portraits de personnages anglais gravés à la manière
noire, par *Dixon*, *Smith* et *Watson*.

Portraits, pièces historiques, etc.

280. Vingt-neuf portraits, personnages français anciens et
modernes.

281. Portraits de personnages français par *Vanschuppen*, *Lom-
bart*, *Pitau*, *Baxin*, etc.

282. Portraits de divers personnages hollandais et allemands,
gravés par *Bloteling Mathan*, *Savry*, *J. Van Velde*, *Ki-
lian*, *Sandrart;* seize pièces.

283. Vingt-neuf portraits des peintres florentins.

284. Vues de la cathédrale de Reims, de Strasbourg, celle de
Cantorbury.

285. Guerres de religion en France et dans les Pays-Bas dans
les 15ᵉ et 16ᵉ siècles; gravées par Van der Borct.

286. *Bonnart*. Costumes de modes sous Louis XIV; cinquante-huit pièces.

287. *Bonnart, Trouvain et Mariette*. Costumes des Messieurs et Dames à la mode.

288. Fête à La Haye, à l'honneur de la naissance du prince d'Orange; bal et mariage à l'occasion du Dauphin avec Marie-Thérèse, Infante d'Espagne; la salle de Prague, pièce capitale de Sadeler en 1607; cinq pièces.

289. *Quatre-vingt-deux pièces*. Vues et plans de Paris; anciennes pièces historiques sur l'histoire de France.

290. Un volume petit in-folio, contenant vingt-cinq portraits des empereurs romains; quarante-quatre portraits de peintres italiens, par Baron; suite rare, suite de douze pièces, enfants gravés à l'eau-forte par Lolli et Scarcello, d'après le Guide. Invention de tombeau par Radi, 1640; dix pièces, saint François par Quillain; vingt-trois pièces gravées en bois par Businck, d'après Lallemand, dont les apôtres, Moyse, etc. Rare.

DESSINS

Des Écoles Française, Flamande et Hollandaise qui seront vendus dans la vacation du jeudi 28 mars le soir, et exposés le matin, de 1 à 4 heures.

291. Dessins divers; treize pièces.

292. *École Française*. Quatre dessins par *Moreau le jeune*, *Chardin*, *Cochin*, etc.

293. *École Française*. Quatre dessins par *Parrocel, Carmontel*, Mlle *Le Doux, Robert*, etc.

294. *École Française*. Huit dessins par *Lagrenée, de Boissieu*.

295. *École Française*. Six dessins, paysages à la plume, etc.

296. M. *Bergeret*. Costumes du 15e siècle. Dessin à la plume.

297. *Boucher*. Étude gracieuse de femme couchée. Dessin à plusieurs crayons, signé *Boucher* 1757.

298. *Demarne*. Étude lavée à l'encre. Beau dessin du maître.

399. *Fragonard*. Les jets-d'eau. Dessin gracieux, avec la gravure par Auvray.

300. Un dessin à la sépia, par *Fragonard*.

301. *Greuze*. Première pensée de la dame bienfaisante. Dessin à l'encre de Chine. — Trois études, par le même. — Un dessin représentant une femme, un vieillard et un enfant. Sujet dit les trois âges. Au bas, de la main de Greuze, est écrit : *Je t'ai porté, tu me portes, il te portera.*

302. Vue à la Cava, vue du temple de la Sybille, etc. Trois dessins à la sépia, par Ph. Hackert, en 1770.

303. Le frappement du rocher. Dessin par *Rivals*.

304. *Van Spaendonck*. Etudes de fleurs. Trois dessins à la plume.

305. Etude à la sanguine, par *Watteau*.

306. *Ecole italienne*. Cinq dessins; Etienne de la Belle et autres.

307. Paysage, d'après *Waterloo*; Christ en croix, école de Rubens; portrait de cardinal, et deux paysages par *Esaïe Van de Velde*. Cinq dessins.

308. *H. Avercamp*. Paysage. Dessin colorié.

309. *L. Bakhuisen*. Débarquement de Guillaume III à Dover. Dessin à la plume, au bistre et lavé à l'encre.

310. *N. Berghem*. Paysage avec figures et animaux. Dessin lavé à l'encre de Chine.

311. *F. Bol*. Homme debout et en pied couvert d'un manteau. Dessin au bistre et à l'encre dans le goût de Rembrandt.

312. *André Both*. Gueux. Trois dessins lavés au bistre.

313. *Breckelencamp*. Portrait de femme hollandaise. Dessin au crayon lavé à l'encre sur papier bleu.

314. *B. Breenberg*. Vue de la pyramide de Caius Sextus. Dessin au bistre.

315. *Bronckhorst*. Oiseau mouche précieusement colorié sur vélin.

316. *Cats, maître hollandais*. L'Hiver et l'Été. Deux charmants dessins au bistre.

317. *Cochiis*. Dessin très finement exécuté à la plume sur vélin.

318. *A. Cuyp*. Chien endormi. Dessin au crayon, et lavé à l'encre.

319. *A. Van-Dyck*. Portrait d'homme. Dessin au crayon.

320. *Van-Dyck*. Étude de main. Dessin au crayon.

321. *Van-der-Does*. Étude de mouton. Dessin au bistre.

322. *Esselens et Moucheron*. Vue d'un canal bordé de grands arbres; dessin colorié.

323. *Goltzius*. Deux portraits. Dessins sur vélin.

324. *Van Goyen*. Vue d'un village au bord d'une rivière. Dessin à la plume.

325. *Du même*. Marine. Dessin au crayon, lavé à l'encre.

325 bis. *Du même*. Les marchands de poissons. Dessin au crayon.

326. *Du même*. Marchand de volailles sur la place d'un village; dessin lavé à l'encre de Chine.

327. *Du même*. Le charlatan. Dessin au crayon, lavé à l'encre.

328. *J. Hackert*. Paysage. Dessin au bistre.

329. *S. V. Hoogostraaten*. Intérieur hollandais. Dessin lavé au bistre, dans le goût de *Rembrandt*.

330. *H. Kobell*. Marine, vue d'une jetée. Dessin lavé au bistre et à l'encre.

331. *Ph. Koninck*. Vue d'une campagne de Hollande. Charmant dessin colorié.

332. *Pierre de Laer*. Homme sellant un cheval. Au crayon sur papier bleu.

333. *J. Livens*. Portrait d'un beau caractère. Dessin au crayon.

334. *D. Maas*. Combat de cavalerie, à l'encre de Chine.

335. Canal glacé où se voyent un grand nombre de patineurs. Dessin à l'encre de Chine légèrement colorié.

336. *Molyn.* Plusieurs chariots dans un sentier bordé d'arbres. Dessin au crayon, lavé à l'encre.

336 bis. *Du même.* Chariots sur une colline. Dessin au crayon, lavé à l'encre de Chine.

337. *G. Neyts.* Paysage avec ruines. Dessin à la plume et au bistre.

338. *A. Van Ostade.* Fumeurs. Trois croquis à la plume, lavé au bistre.

339. *Overlaet.* Sainte Véronique. Dessin à la plume.

340. *C. Poelemburg.* Masures et ruines. Dessin lavé au bistre.

341. *Rembrandt.* Juif en pied.

342. *Le même.* Vieille lisant, des lunettes sur le nez.

343. *Le même.* Jeune fille vue de profil. Ces trois dessins au bistre.

344. *P.-P. Rubens.* Étude d'un prêtre. Dessin à la sanguine.

345. *Salomon Ruisdaël.* Paysage; des pêcheurs au bord d'une rivière. Dessin lavé au bistre.

346. *Le même.* Paysage. Dessin colorié.

347. *Jacques Ruisdaël.* Paysage. Au second plan, des ruines; au premier, de grands arbres bordent un ruisseau. Charmant dessin très fin et lavé à l'encre de Chine.

348. *H. Saftleven.* Paysage. Dessin au crayon, lavé au bistre et à l'encre.

349. *J.-C. Schotel.* Marine. Dessin colorié à l'aquarelle.

350. *A. Storck.* Marine. Dessin très fin à l'encre de Chine.

351. *Du même.* Combat naval. Dessin à l'encre de Chine.

352. *C. Thim.* Marine. Dessin très fin à la plume, lavé à l'encre de Chine.

353. *J. Van-der-Ulft.* Dessin au bistre.

354. *Verveer.* Vue de la ville de Breda. Dessin colorié.

355. *Van-der-Venne.* Chasse au cerf. Dessin au crayon rouge et noir.

356. *H. Verschuring.* Intérieur d'écurie où un cavalier prêt à

partir pour la chasse embrasse une jeune dame. Dessin à l'encre de Chine.

357. *A. Waterloo.* Vue d'une colline boisée. Dessin au crayon et colorié.

358. *Phil. Wouvermann.* Un trompette à cheval courant au galop. Dessin à la pierre noire.

359. *Thomas - Wyck.* Port de mer; dessin lavé à l'encre de Chine.

360. *Du même.* Le joueur de guitare. Dessin très terminé, et d'un charmant effet, à l'encre de Chine.

361. *Zeeman.* Vaisseau à pleines voiles; dessin lavé à l'encre de Chine.

362. Dessin d'un tabernacle riche d'entourage, colorié.

363. Sous ce numéro divers lots d'estampes non cataloguées.

www.ingramcontent.com/pod-product-compliance
Lightning Source LLC
LaVergne TN
LVHW010443060726
842527LV00005B/1659